U0021848

鬼才養成記

歷代奇人的神機妙算

韓明輝 著

目錄
CONTENTS

目錄
CONTENTS

鬼谷子——

我就是逆天的存在

春秋戰國時期，有個神一樣的傳奇人物。據說，他擁有經天緯地之才，神鬼莫測之能。你知道這個神人是誰嗎？沒錯，他就是被譽為「千古奇人」的鬼谷子。

鬼谷子還是一位非常神祕的人物，神祕到什麼地步呢？至今沒有人能弄清楚他在當時屬於哪國人，家住何方，甚至沒有人知道他的真實姓名。

據小道消息透露，鬼谷子姓王名詡，因為長期隱居在鬼谷中而被稱為「鬼谷子」。

小知識

鬼谷子的「子」，是古人對有道德、有學問的人和老師等人的尊稱。例如，儒家創始人孔丘被稱為「孔子」，墨家創始人墨翟被稱為「墨子」，「兵聖」孫武被稱為「孫子」。

春秋戰國時期是一個百家爭鳴的時代，誕生出很多學派，例如儒家、墨家、法家、縱橫家、兵家、陰陽家等。

這是一個著書立說、互相打嘴炮的黃金時代！

做為全能學霸，鬼谷子對百家學說可以說無不精通。

全能學霸就是我，我就是全能學霸！

更值得稱道的是，鬼谷子還是縱橫家的創始人，是兵家、法家、陰陽家等學派的集大成者。

低調！低調！

低調才是最高級的炫耀！

事實上，鬼谷子還是一位全民關注的暢銷書作家。他的大作《鬼谷子》至今仍躋身各大暢銷書排行榜。

我的讀者手牽手能繞地球八圈！

《鬼谷子》堪稱一部奇書，能快速教你如何成為優秀的遊說大師和出色的權謀大家。

鬼谷子究竟有多厲害呢？可惜史書沒有記載。不過，也不難猜測，看他的學生有多厲害就知道了。

鬼谷子曾在齊國開辦過一所私立學校，據說曾招收五百名學生。

各位，請不要胡亂攀關係！

其實，我們是來蹭流量的！

只有蘇秦、張儀、孫臏、龐涓四人很可能是鬼谷子的學生。

　　這四人有多厲害呢？做為縱橫家的蘇秦、張儀可謂是「一怒而諸侯懼，安居而天下熄」，做為戰神的孫臏、龐涓更是打遍天下無敵手。

我們一發怒，諸侯們就嚇到閃尿！我們一不搞事情，天下就太平！

我們是高手高手高高手，打遍天下無敵手！

話說，像鬼谷子這種半人半神的傳奇人物有沒有老師呢？

你不會是自學成才的吧？

孫悟空都有老師，更何況是我呢！

據說，鬼谷子的老師是道家學派的創始人老子。

孔子教不了的人，老子來教！

有資格教我的人還真不多，您算一個！

知道鬼谷子活了多少歲嗎？有人說一百多歲，也有人說至少三百歲，甚至連秦始皇都曾見過他。這事雖然不可信，但足以看出鬼谷子確實不失為千古奇人。

2

張儀

糊弄不死你，我就不叫張儀

戰國時期，有一個糊弄天王，他能把正的糊弄斜，好腿糊弄瘸，聰明人糊弄到團滅。這個人就是名震「戰國七雄」的縱橫家——張儀。

張儀曾是鬼谷子的愛徒，畢業後，在老同學蘇秦的幫助下，得以見到秦國的大老闆秦惠王且受到重用。

小知識

蘇秦與張儀雖然是同學，但兩人的主張卻大相徑庭。蘇秦主張合縱，即聯合眾多小國對抗大國；張儀主張連橫，即一個大國拉攏個別國家，合夥欺負其他國家。據西漢史學家司馬遷的《史記》記載，蘇秦、張儀是同時代的人，且兩人還是對手。然而，近年來長沙馬王堆漢墓出土的《戰國縱橫家書》卻記載，蘇秦比張儀晚出道，且其活動時間大多是在張儀死後。因此，很多人便一口咬定《史記》記載錯誤。那麼，《戰國縱橫家書》的記載能否否定《史記》呢？不能！原因有兩個：一、《戰國縱橫家書》僅是一家之言，沒有其他史書與之相佐證；二、《戰國縱橫家書》是西漢人抄錄而成，未必無錯。

讀史切忌人云亦云，更不要被那些為吸引眼球、獲得點擊率的自媒體惡意編造的假歷史給騙了！

讓蘇秦沒有想到的是，張儀成為秦相後，立刻實施連橫政策，企圖瓦解六國合縱。

在此期間，張儀開啟大糊弄模式，而被他糊弄得最慘的恐怕要屬楚國的大老闆楚懷王了。

當時，秦國想攻打齊國，但齊、楚兩國簽訂了合縱盟約，如果齊國挨揍，楚國就會幫忙。

秦國不敢同時招惹齊、楚兩個大國，便想離間齊楚聯盟。如何離間呢？張儀主動請纓到楚國搞事情。

一天不搞事，生不如死！

一到楚國，張儀便糊弄楚懷王說——

只要大王和齊國絕交，我讓秦王將商於之地的六百里土地獻給大王，同時還將秦王的寶貝女兒嫁給大王。這樣不但可以削弱齊國，還有益於秦國，何樂而不為？

這買賣可以做！

楚懷王的智商堪憂，便答應了。

就在一群不明真相的吃瓜群眾向楚懷王道賀時，有個叫陳軫的謀士早已識破張儀的伎倆，並對楚懷王潑了盆冷水。

這下可把楚懷王氣壞了。

你這不是大煞風景嗎？我不用打仗就能得到六百里土地，難道不值得道賀嗎？

在我看來，大王不但得不到土地，而且很可能會大禍臨頭！

楚懷王大惑不解，便向陳軫問明原因，陳軫解釋說——

秦國之所以重視楚國，是因為楚國與齊國結盟。一旦廢除盟約，楚國便孤立無援。秦國為何要給一個孤立無援的國家六百里土地呢？

如果我沒猜錯，張儀一旦回到秦國，必定背棄承諾。到那時，秦國再與齊國聯合攻打楚國，楚國能不大禍臨頭嗎？

你想太多了！

陳軫見楚懷王貪圖秦國的商於之地，便給他出了個點子——

我們可以先假裝與齊國絕交，然後派人和張儀去秦國拿地。如果秦國給我們土地，我們再與齊國絕交也不晚；如果秦國不給，我們也毫無損失嘛！

陳軫的這個點子十分高明，一般人都會採納，但楚懷王不是一般人！擁有「迷之自信」的他卻對此嗤之以鼻。

先生，你還是閉嘴吧！你就等著看我怎麼拿到商於之地吧！

你沒救了！

沒過多久，楚懷王便和齊國絕交，然後派使者跟隨張儀到秦國接收商於之地。

我的承諾已經兌現，接下來看你的了！

放心，一定會給大王一個大大的驚喜！

張儀為了不讓楚國順利拿到商於之地，一回到秦國，便假裝墜馬受傷，一連三個月沒有到公司打卡。

沒什麼事不要找我，有事更不要找我！

張儀不願割地，明眼人都能看得出楚懷王上當了！

可是腦洞大開的楚懷王卻沒有看出來，反而傻乎乎地認為是楚國和齊國絕交不夠徹底的緣故，於是他又派一批勇士到齊國罵街。

齊王平白無故挨了一頓罵，十分生氣，便與楚國徹底絕交，然後與秦國結盟。

等齊、秦結盟後，張儀才去公司打卡。當楚使興沖沖地去找張儀要地時，張儀卻笑著說——

我只有六里地，我願意將它全部獻給楚王！

楚王是差那六里地的人嗎？他是差六百里地的人！

此時此刻，楚懷王才猛然發現自己上了張儀的當。

我就是我，看見張儀就上火！

堂堂一國之君竟然被張儀當猴耍，楚懷王的肺都快氣炸了，他決定發兵攻打秦國，沒想到陳軫卻突然站出來反對說——

與其攻打秦國，倒不如割讓土地賄賂秦國，然後與秦國聯合攻打齊國，搶占齊國的地盤，用以補償我們割讓給秦國的地盤！

說實話，陳軫的這個主意堪稱絕妙！但可惜的是，被仇恨沖昏頭的楚懷王壓根聽不進去。

秦國騙了我，先生還讓我割地給秦國，先生不會是傻了吧？

大傻子還有資格說別人傻？

不久，秦、楚兩軍打了幾仗，楚軍被打成狗，楚懷王最終不得不割地向秦國求和。

簡直氣死
我了！

如果不是張儀詆騙楚懷王，楚懷王能受如此奇恥大辱嗎？所以，一想到張儀，楚懷王恨不得將他抽筋扒皮、挫骨揚灰。但楚懷王有這個機會嗎？還真有！

冤家路
窄啊！

誰說不
是呢！

有一年，秦國想拿武關以外的土地和楚國交換黔中之地。
楚懷王卻對秦惠王說——

戰死成千上萬個秦軍都未必能搶到黔中之地，如果犧牲一個張儀就能得到，簡直大賺，秦惠王倒是非常樂意這麼幹。

不過，張儀畢竟為秦國立過那麼多功勞，秦惠王不忍心向他開口。

就在秦惠王左右為難時，沒想到張儀卻主動站出來表示願意出使楚國。

事實上，張儀早已想好對付楚懷王的辦法！

是什麼辦法呢？楚懷王是個寵妻狂魔，只要搞定他老婆鄭袖，就能全身而退。

正如大家所料，張儀一到楚國，立刻被楚懷王扔進監獄。

正當楚懷王打算將張儀大卸八塊時，和張儀關係非常好的楚國大夫靳尚連忙找到鄭袖，按照張儀的交代，糊弄她說——

秦王特別器重張儀，為了救他，打算用六個縣賄賂楚國，且準備送一批唱跳俱佳的網美給大王。大王向來看重土地，一定會敬重秦國，到時候秦女必定受寵，夫人遲早會被拋棄！

這可如何是好？

靳尚三言兩語把鄭袖嚇壞了，就在她不知所措時，靳尚出了個餿主意給她。

大王對夫人言聽計從，如果夫人能替張儀說情，將他釋放，秦國就不必送美女給大王，夫人也就不會被大王拋棄了！

好主意！

為了把張儀救出來，鄭袖天天對楚懷王哭鬧，還說──

小心肝，妳走了我可怎麼辦啊？

黔中之地還沒交給秦國，秦王便派張儀出使楚國，可見秦王對大王尊重至極！大王不以禮相待，反而要殺張儀，秦王必定攻打楚國。大王還是讓我和兒子搬到江南去住吧，免得日後成為秦軍的刀下鬼！

經鄭袖一番勸說，楚懷王頓時改變殺張儀的主意，並將他釋放。

老婆說一就是一，事業發達開飛機！

出獄後，張儀仍死性不改，繼續糊弄楚懷王，讓楚國與秦國連橫。

楚懷王依舊智商堪憂，二話不說便入坑。

同一個地方摔倒一次是無知，摔倒兩次就是弱智！

我樂意！

小知識

楚懷王可以說是戰國時期少有的智障和倒楣蛋，很多年以後，秦昭王與楚懷王約吃飯，楚國大臣擔心有詐，都勸他不要去，他卻偏要去，結果被綁票，最後老死在秦國，此為後話。

楚國加入連橫後，張儀一鼓作氣成功遊說其他諸侯國與秦國連橫。

然而，正當張儀準備將好消息告訴秦惠王時，卻發現秦惠王已經去世，其子秦武王繼承王位。

一朝天子一朝臣，新君未必拿你當親人！

以前，張儀有秦惠王寵信，嫉妒張儀才華的大臣自然不敢嚼舌根；現在，秦國換大老闆，大臣們便毫無顧忌地在秦武王面前諷刺張儀。

張儀這種人反覆無常，為了向國君邀寵，不惜出賣國家。秦國用這種人，不怕被天下人恥笑嗎？

也是！人要臉、樹要皮，電線桿要水泥！

俗話說，三人成虎，秦武王漸漸開始猜忌張儀。

這小子太能糊弄了，確實不像個好東西！

他該不會出賣我吧？

無論如何都得防備著點！

各國諸侯聽說張儀與秦武王不和，便紛紛放棄連橫，再次恢復合縱。

不陪你玩了，你自己玩吧！

好吧，連橫算是玩砸了！

大臣們沒日沒夜地詆毀張儀，張儀再在秦國待下去，恐怕小命不保。於是，他想出一個金蟬脫殼的辦法：張儀找到秦武王，糊弄他說——

只有各諸侯國互毆，大王才能趁機攻城奪地。如今，齊王特別恨我，我到哪個國家，他必定出兵討伐那個國家。如果大王允許我去魏國，齊國必定發兵攻打魏國！

確實如此！

大王可趁齊國攻打魏國之際，發兵攻打韓國，兵臨東周都城，周天子一定會獻出祭器。大王可以挾天子，成就帝王功業！

這主意妙！

經張儀一番糊弄後，秦武王樂呵呵地將張儀送到魏國。

張儀一到魏國，齊國果然立刻發兵攻打魏國，還差點把魏王嚇到閃尿。

敢情你是個掃把星啊！

張儀卻拍著胸脯向魏王保證，可以不費一兵一卒擊退齊軍。如何才能擊退齊軍呢？張儀派人出使楚國，然後借楚國使臣之口對齊王說——

張儀知道自己去哪個國家，大王就會進攻哪個國家，因此張儀與秦王商議，讓他出使魏國，然後趁齊、魏交戰之際，兵臨周都，挾持周天子，成就帝王功業，因此秦王才派人將張儀送到魏國。大王攻打魏國，不是恰恰中了張儀的計嘛！

齊王一聽有道理，立刻撤軍而回。

哈哈，你中計了！

我和秦王竟然被你輕易玩弄於股掌，你太可怕了！

　　不費一兵一卒便能擊退齊軍，魏王能不對張儀刮目相看嗎？於是，魏王便讓張儀做了魏相。
　　做了一年魏相後，張儀病死在魏國。

好想放鞭炮、開香檳，慶祝這個世界少了個糊弄天王！

你開心就好！

3

藺相如

橫的怕愣的，愣的怕不要命的

大家都聽過「完璧歸趙」這個成語吧？但你知道這個成語故事中的「男一號」是誰嗎？沒錯，就是智力值與勇氣值都爆表的藺相如。

藺相如是戰國時期的趙國人，起初，他只是大宦官繆賢手下的打工仔。

有一次，繆賢犯了法，擔心被殺，便想投奔燕王，卻被藺相如攔住。

你為何這麼有自信燕王會收留你呢？

我曾陪同大王會見燕王，他私下握著我的手說想和我交朋友。我投奔燕王，他豈會不收留我！

當時是因為你受寵於趙王，所以燕王才想與你結交。如今，趙國強大，燕國弱小，燕國懼怕趙國，燕王不但不會收留你，反而還會把你捆成粽子交給趙王！

哇勒，好有道理！

隨後，藺相如替繆賢想了一招。

如果你能光著膀子，趴在刑具上，向趙王請罪，說不定能僥倖被赦免！

聽你的，就這麼辦！

繆賢按照藺相如所說的辦，趙惠文王果然沒有降罪於他。從此以後，繆賢便對藺相如格外器重。

打工仔，你是最棒的！

不敢當！

有一年，不知道趙惠文王從哪裡挖到了楚國至寶：和氏璧。

你的和氏璧該不是從蝦皮買來的吧？

去去去，一邊玩去！

關於和氏璧的由來有一個小故事。春秋時期，楚國人卞和在荊山中得到一塊未經雕琢的玉石，立刻獻給楚厲王。楚厲王找專家鑑定，專家卻說是一塊不值錢的石頭，楚厲王認為卞和涉嫌欺詐，便命人砍掉他的左腳。等到楚武王即位時，不死心的卞和又將玉石獻給楚武王，楚武王找專家鑑定，專家依然說是石頭，楚武王又命人砍掉他的右腳。等到楚文王即位時，卞和抱著玉石在荊山下號啕大哭三天三夜，眼淚都流乾了，且開始流血。楚文王派人詢問原因，卞和說：「我不是因為雙腳被砍而悲傷，而是因為大家把寶玉當成石頭，把忠貞的人當成騙子！」於是，楚文王命人剖開玉石，果然得到一塊寶玉，便將其命名為「和氏璧」。

和氏璧堪稱天下奇寶，諸侯們各個垂涎三尺，卻讓趙惠文王得到了，趙惠文王那可是一整個興奮啊！簡直就像西門慶撩到潘金蓮。

　　然而，趙惠文王還沒興奮幾天，就被秦昭王盯上。秦昭王還發訊息對他說，打算用十五座城池換取和氏璧。

趙惠文王擔心把和氏璧給秦昭王，秦昭王不會兌現承諾；不給，又怕秦昭王會以此為藉口帶兵到趙國砸場子。

就在趙惠文王不知道如何是好時，繆賢向他舉薦一個人，就是藺相如。

沒有他解決不了的問題！

是嗎？只能死馬當活馬醫了！

於是，趙惠文王將藺相如召來詢問對策。

秦王打算用十五座城池換取我的和氏璧，我該不該給他呢？

秦國強大，趙國弱小，不能不給！

如果秦王拿走我的和氏璧，卻不給我城池，怎麼辦呢？

秦國請求用城池換取和氏璧，如果趙國不答應，那麼趙國理虧；如果趙國給了和氏璧，而秦國卻不兌現諾言，秦國理虧。相較而言，寧可讓秦國理虧！

聽完藺相如的一番剖析，趙惠文王決定將心愛的和氏璧拿去與秦國交換城池。

當趙惠文王進一步詢問藺相如派誰帶著和氏璧出使秦國合適時，藺相如胸有成竹地說——

如果大王無人可派，臣願出使秦國。如果秦王兌現承諾，臣就把和氏璧留給他；如果秦王不兌現承諾，臣一定把和氏璧完好無損地帶回趙國！

好，就派你去！

藺相如到達秦國後，秦昭王隆重地接待他。

秦昭王從拿到和氏璧的那一刻便愛不釋手，不過，藺相如卻發現他沒有割讓城池的意思。

於是，藺相如對秦昭王說——

和氏璧上有一點瑕疵，請允許我指給大王看！

哦，竟有此事？

秦昭王將和氏璧遞給藺相如後，發生一件令他始料未及的事：藺相如後退幾步，倚靠在大殿的柱子後方，怒髮衝冠地對秦昭王說──

有話好好說，不要搞得這麼血腥！

我看大王沒有打算給趙王城池的意思，所以我要收回和氏璧。如果大王膽敢強搶，今天我的頭顱就與和氏璧一起撞碎在這根柱子上！

秦昭王擔心和氏璧會被撞碎，連忙向藺相如道歉，且裝模作樣地拿出地圖，說將某某城池劃給趙國。

這下你滿意了吧？

你騙三歲小孩呢？

藺相如知道秦昭王是在演戲，便以其人之道還治其人之身。

和氏璧乃天下奇寶，趙王將和氏璧送出趙國前，曾齋戒五日。煩請大王也齋戒五日，再搞個隆重的迎接儀式，屆時我便將和氏璧獻給大王！

這個——

和氏璧在藺相如手中，秦昭王不敢用強，只好乖乖聽從他的安排。

我被你安排得明明白白！

藺相如知道想從秦昭王手裡拿到十五座城池比登天還難，便讓快遞員喬裝打扮成老百姓，懷揣著和氏璧，從小路一溜煙逃回趙國。

和氏璧已經安全送回趙國！

幹得漂亮！

　　五天後，當秦昭王歡天喜地地準備迎接和氏璧時，藺相如的一番話讓他目瞪口呆。

和氏璧已經被我送回趙國，如果大王想得到和氏璧，請先割讓城池！秦強趙弱，趙國不敢不奉上和氏璧！

我真恨不得殺了你！

秦國君臣各個氣得臉紅脖子粗，有人甚至想將藺相如直接拉出去宰了，不過卻被理智戰勝憤怒的秦昭王制止。

即便宰了他，秦國也得不到和氏璧，反而破壞秦、趙兩國的交情，何必呢！

我嚥不下這口惡氣！

秦昭王沒有為難藺相如，藺相如最終不辱使命地回到趙國。後來，秦國沒有兌現割讓城池的承諾，趙國也因此沒有給秦國和氏璧。

這就是「完璧歸趙」的故事。

這事幹得真帶勁！

大王謬讚了！

和氏璧的事雖然告一段落，但秦國與趙國的恩恩怨怨還遠遠沒有結束。

　　不久，秦昭王約趙惠文王到澠池見面。趙惠文王比較膽小，不敢去，但藺相如卻支持他赴會。

如果大王不去，趙國今後還怎麼在江湖上混？

我要是去，豈不是羊入虎口！

　　為了不讓趙國丟臉，趙惠文王咬咬牙，還是硬著頭皮去了。

　　在澠池，秦昭王開了間包廂，請趙惠文王吃大餐。席間，秦昭王突然提了個小要求。

我聽說趙王是個音樂迷，擅長彈瑟，煩請趙王彈奏一曲！

沒問題！今天就讓你開開眼界！

就在趙惠文王彈奏時，秦國的史官卻突然寫道：「某年某月某日，秦王與趙王喝酒、吃串燒，秦王命趙王彈瑟。」

藺相如見狀，立刻站出來，對秦昭王說——

秦昭王不肯擊缶，藺相如卻發狠說——

如果大王不肯，我將割斷自己的脖子，濺大王一身血！

不就是擊個缶嘛，何必玩命呢？

　　秦昭王的侍從想上前殺掉藺相如，藺相如卻怒目圓睜，大喝一聲，嚇得他們步步後退。秦昭王很無奈，只好象徵性地敲了一下缶。

橫的怕愣的，愣的怕你這種不要命的！

知道就好！

緊接著，藺相如讓趙國史官記寫下：「某年某月某日，秦王為趙王擊缶。」

秦國大臣見秦昭王受辱，很不開心，便向趙國發難。

就這樣，你一言、我一語，直到宴會結束，秦國都未能占到趙國半點便宜。

回到趙國後，心情十分愉悅的趙惠文王立刻讓藺相如做了趙國的二號首長。

這時，做為「戰國四大名將」之一的廉頗，見藺相如的官竟然比自己還大，非常不高興，他還對外宣稱——

我做為趙將，有攻城掠地的功勞，而藺相如不過憑藉口舌之爭立了點功，地位竟然在我之上，我感到羞恥！

別讓我看見他，不然我一定羞辱他！

藺相如聽說後，那個曾經天不怕、地不怕的大英雄瞬間變成膽小鬼，不敢再與廉頗相見。

有一次，藺相如外出，遠遠地看見廉頗，馬上掉頭就跑。

不好，快撤！

門客們看藺相如遇到廉頗像老鼠見了貓似的，大為不快，紛紛表示要跳槽，還說——

我們之所以跟著你混，就是仰慕你有勇有謀！如今，你竟然會怕一個廉頗，是不是太過分了？

我有苦衷！

藺相如不希望他們跳槽，因此向他們解釋一番。

你們認為廉頗
與秦王相比，
誰更厲害！

當然是秦王
更厲害了！

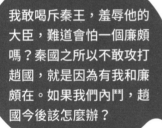

我敢喝斥秦王，羞辱他的
大臣，難道會怕一個廉頗
嗎？秦國之所以不敢攻打
趙國，就是因為有我和廉
頗在。如果我們內鬥，趙
國今後該怎麼辦？

是我們誤會
你了！

廉頗聽說這件事後非常慚愧，便光著膀子，背著荊條，親自到藺相如家中請罪。

　　這便是「負荊請罪」的故事。

　　從此以後，廉頗與藺相如成為生死之交，兩人一同保家衛國。

4

王翦

高手出招，一招致命

秦始皇嬴政能成為「千古一帝」，有一個非常重要的原因，就是他滅掉六國，且建立起中國歷史上第一個大一統王朝——秦朝。

山外青山樓外樓，當今天下我最強！

但你知道幫助秦始皇滅掉六國期間，哪位將軍的功勞最大嗎？當然要屬被譽為「戰國四大名將」之一的王翦了。

小知識

王翦的功勞究竟有多大呢？這麼說吧，六國中有一半算是王翦滅掉的。另外，他還有一個非常厲害的兒子叫王賁，他們父子倆一共滅掉除韓國之外的其他五個諸侯國。

你們父子實在是居家旅行、殺人滅國之必備良將！

王翦打小就是個軍事迷，特別喜歡馳馬試劍，排兵布陣。

他日我若為將，定殺得敵人哭爹喊娘！

一出道，王翦便滅掉趙國，且攻破燕國都城，打得燕國名存實亡。

我手拿菜刀砍電線，一路火花帶閃電！

當時，屬於戰國末期，嬴政還沒有稱帝，仍是秦王。

有一年，嬴政想滅掉強大的楚國，便召集諸將商量滅楚大計。嬴政問軍隊中的少壯派代表李信——

小知識

說到李信，很多人可能不熟悉，但提到漢朝的「飛將軍」李廣，相信大家都不陌生，而李廣就是李信的後人。李信攻打燕國時，曾用區區數千人大敗燕軍，迫使燕王喜將指使荊軻行刺的幕後元凶太子丹的項上人頭獻給了嬴政，因此備受寵信。

嬴政轉過身問老將軍王翦，沒想到他卻給了一個讓嬴政十分不滿意的回答。

　　隨後，嬴政便命李信率領二十萬大軍攻打楚國。

王翦見嬴政不見棺材不掉淚，便推託有病，然後請病假，回老家去了。

話說，李信率領二十萬大軍能不能滅掉楚國呢？還真不能！

一開始，李信屢戰屢勝，但很快就被楚國名將項燕盯上。項燕率領大軍尾隨他三天三夜，他傻傻地沒有察覺。

小知識

大家可能對項燕不太熟悉，但他有個名氣特別大的孫子，就是西楚霸王項羽，一個力能扛鼎、打遍天下無敵手的霸道總裁。不過，此時項羽才十歲，還狗屁不懂，幫不上什麼忙。

當項燕率領的楚軍猶如神兵突然從天而降時，李信被打個措手不及，最後還被打到丟盔棄甲而逃。

嬴政收到李信戰敗的消息後，後悔極了。他後悔當初沒有採納王翦的建議，害得秦軍一敗塗地。

漫漫人生路，總會錯幾步！

我錯就錯在信了你的邪！

很快，嬴政便開著跑車，親自到王翦的老家去見他。一上來，就向王翦道歉——

由於我沒有採納將軍的建議，致使秦軍蒙羞受辱。如今，聽說楚軍正在向西逼進，將軍雖然有病在身，但忍心拋棄我嗎？

我有病，大王還是另擇良將吧！

嬴政見王翦堅決推辭，只好繼續道歉。王翦見嬴政認錯態度不錯，便向他提了個要求。

如果大王一定要用我，非六十萬人不可！

成交！

出征前，嬴政還親自為王翦送行。但讓嬴政鬱悶的是，王翦卻趁機向他討要賞賜。

老臣此次出差，不知何時才能歸來。懇請大王看在老臣不辭辛苦的分上，賞老臣的家人一些良田美宅吧！

將軍只管上路，不必擔心家人過不好！

替大王帶兵打仗，即便勞苦功高也很難封侯，所以老臣想趁著大王器重之時，多為子孫後代置辦一些家產！

將軍儘管放心，我一定不會虧待你的家人！

得到嬴政的許諾後，王翦似乎仍不放心。當他率軍到達函谷關時，接連五次派人回都城咸陽向嬴政懇求賜予良田美宅。

王翦這麼幹，連他手下都看不下去了。

這都什麼時候了，將軍竟然還惦記著為家裡置辦田產，是不是太過分了？

大王生性多疑，如今他把全部家當都委任於我，如果我不透過向大王請求賞賜田宅給子孫置辦家產來表示自己出征的堅定信念，難道要讓大王平白無故地猜忌我嗎？

楚王聽說王翦帶兵來攻，便傾全國之力抵抗秦軍。但讓楚軍大惑不解的是，王翦卻掛起免戰牌，拒不交戰。

你葫蘆裡賣的是什麼藥？

迷魂藥！

楚軍多次派人挑戰，但王翦仍然拒不出戰。

縮頭烏龜，有種我們痛痛快快打一場！

我怕一出手就把你打趴！

王翦不讓士兵打仗，那他讓士兵做什麼呢？說出來，恐怕會讓你跌破眼鏡，他讓士兵天天吃香喝辣和泡湯。

要不要幫你搓搓背啊？算你五折優惠！

你這哪是來打仗的，分明是來公費夏令營的！

過了一段時間，王翦問部將，士兵們都在做什麼？部將回答說，比賽投石子，看誰投得遠。王翦笑容滿面地說 ——

不錯不錯，他們很快就會派上用場！

楚軍見秦軍無心應戰，便撤軍東去。

小知識

楚軍撤軍恰恰中了王翦的計，事實上，王翦之所以拒不交戰，除了想消磨楚軍的銳氣之外，還想趁楚軍撤退之際，殺他們一個措手不及。

等楚軍一撤退，王翦果然率軍殺出，並順利擊敗楚軍，逼得項燕揮劍自殺。

項燕一死，楚軍再也無法阻擋秦國的虎狼之師。王翦不費吹灰之力便攻入楚國，俘虜楚王，楚國宣告滅亡。

僅憑滅掉趙國、楚國，打得燕國名存實亡，王翦便成為「戰國四大名將」的一員，與白起、李牧、廉頗齊名，且得以名垂青史。

將軍將軍你最棒，
你是士兵的好榜樣！

5

蒯通

只要有才，到哪兒都有舞臺

楚漢爭霸期間，如果不是「兵仙」韓信幫助漢王劉邦擊敗西楚霸王項羽，劉邦未必能奪得天下，建立大漢王朝。

大漢王朝三分之二的天下都是我替你打下的！

率領百萬之眾，戰必勝，攻必克，我不如你韓信啊！

然而，讓韓信沒想到的是，當他幫助劉邦平定天下後，卻慘死在劉邦的老婆呂后手裡。

呸！還不是妳和妳老公過河拆橋！

鳥盡弓藏，兔死狗烹，歷來都是功臣難以擺脫的宿命！

你知道韓信臨終前說了一句什麼話嗎？他說——

真後悔當初沒有採納
蒯通的計謀，才導致
今天慘死在一個老娘
們手裡！

　　這個蒯通究竟是何許人也？他是秦朝末年一個非常厲害的
謀士。

　　今天，我們就來扒一扒蒯通都做過哪些厲害的事。

看完我的經
歷，保證讓
你著迷！

真是自戀的
媽媽給自戀
開門——自
戀到家了！

一、牛刀小試

蒯通雖然是謀士，但還兼職幫人算命，在業界小有名氣。

陳勝、吳廣起義時，陳勝派一個叫武臣的手下去全國各地搶地盤。

這個武臣是一個非常迷信的人，當他即將打到蒯通的老家范陽時，便派人請蒯通前去為他預測吉凶。

蒯通沒有立刻去見武臣，反而跑去見本縣縣令。一見到縣令，三言兩語便把他說糊塗了。

我認為你快要死了，所以前來弔喪！

不過，我還要向你道賀，是因為你得到我蒯通就能起死回生！

　　縣令聽得一臉矇，蒯通便向他解釋。

秦法一向嚴酷，你做了十餘年的縣令，沒少拉仇恨。大家之所以不敢殺你，是因為畏懼秦法！

確實如此！

如今天下大亂，秦法無法實施，大家巴不得立刻宰了你來成就他們的美名，這就是我為何來弔喪的原因！

這可怎麼辦啊？

當縣令問蒯通如何幫他起死回生時，蒯通一陣糊弄，說得縣令連連點頭。

安排，馬上安排！

你就等著聽好消息吧！

擺平縣令後，蒯通才去見武臣。一見到武臣，蒯通便向他
承諾說——

我有辦法讓你不
費一兵一卒就能
占領大片地盤！

那敢情好！

隨後，蒯通向武臣講述自己的辦法。

范陽縣令是個草包，打算向
你投降。如果人家投降了，
你不但不給予優待，反而還
殺了他，其他城池的守將聽
到這個消息，一定會為了活
命和你拚命到底！

有道理！

如果你能優待范陽縣令,讓他駕著跑車在周邊城池炫耀一番,那麼其他城池的守將看到他受到優待,一定會不戰而降。這樣你就可以輕鬆拿下大片地盤!

如果范陽縣令肯投降,我把他當菩薩供起來!

蒯通的這個計策確實棒,武臣沒有理由不採納。

武臣按照蒯通的計策實施後,果然輕鬆拿下三十多座城池。與此同時,范陽縣令受到優待,蒯通也受到武臣器重,可謂是一石三鳥。

優秀!

不過小試牛刀罷了!

二、坑死同行

當時，謀士界除了蒯通還有很多金牌謀士，例如張良、范增，以及接下來即將被蒯通坑死的酈食其。

桃花潭水深千尺，不及同行坑到死！

酈食其是一個非常狂的怪老頭，再加上他是個儒生，所以大家幫他取了個綽號叫「狂生」。

再不瘋狂就掛了！

當初，很多反秦將領路過他家時，他都瞧不上，所以寧願躲起來，也不願意為他們打工。

做錯事，輸一次；
跟錯人，輸一世！

像酈食其這麼狂的人，誰才有資格做他的老闆呢？放眼天下，酈食其認為只有一個人，就是劉邦。

我的老闆是個蓋世英雄，有一天他會踏著七彩祥雲來聘請我！

酈食其一個朋友的兒子在劉邦手下做騎兵，為了能進入劉邦的公司，酈食其便讓這名騎兵將他推薦給劉邦，並交代騎兵說——

你就對劉邦說，我老家有個叫酈食其的怪老頭，大家都叫他「狂生」，但他卻說自己不狂！

自己狂不狂心裡沒有一點數嗎？

劉邦這人特別不喜歡儒生，曾經有不少儒生去拜訪他，他把人家的帽子摘下來，直接在裡面撒尿。

　　騎兵認為，如果按照酈食其的交代向劉邦推薦他，劉邦八成不會見他，但酈食其卻堅持讓騎兵按他說的做。

　　不過，讓騎兵沒有想到的是，劉邦還真答應見酈食其了。

當酈食其去見劉邦時，劉邦正在讓洗腳妹替他洗腳。酈食其說了一句話，差點把劉邦氣死。

你這是想幫秦軍攻打諸侯呢？還是想幫諸侯攻打秦軍呢？

天下人被暴秦折磨這麼久，所以諸侯們才紛紛起兵反抗暴秦，你這個臭儒生怎麼能說我是幫助秦軍攻打諸侯呢？

緊接著，酈食其又說了句話，一下子就把劉邦給鎮住了。

如果你想圈粉，且推翻暴秦，就不該這麼接待長輩！

劉邦聽罷，腳也不洗了，連連向酈食其道歉。

從那以後，酈食其便成為劉邦的謀士，且經常為劉邦出謀劃策，劉邦對他也是言聽計從。

只有跟對好老闆，才華方能盡情施展！

後來，酈食其向劉邦主動請纓去勸降齊王，且憑藉三寸不爛之舌一舉拿下齊國。

先生的口才勝過百萬雄兵！

當時，韓信正奉劉邦之命攻打齊國。韓信見齊國已經投降，所以打算停止進攻。

此時，正在幫韓信打工的蒯通對他說了一番話，把酈食其給坑了。

漢王讓你停止進攻了嗎？你為何不繼續進攻？酈食其張張嘴就拿下齊國七十餘城，你率領幾萬大軍才攻下趙國五十餘城，丟不丟人？

簡直丟人丟到家了！

韓信決定繼續攻打齊國。

齊王自以為已經投降，漢軍不會繼續進攻，不但撤除了防禦，而且整天陪著酈食其喝酒、吃串燒。

老子喝酒，只有喝飽的，沒有喝醉的！

厲害了，我的哥！

當突然有一天韓信率軍殺來時，齊王傻了，以為酈食其出賣了自己，於是對他說——

齊王很生氣，當場把酈食其扔進熱水鍋裡燉了。

沒多久，韓信打跑了齊王且順利滅掉齊國，還被封為齊王。

劉邦聽說酈食其被殺，雖然很氣憤，但此刻他正卯足全力和項羽作對，也拿韓信沒轍。

犧牲一個酈食其，為你換取一個王位，可賺大了！

這還得感謝先生的計策好啊！

三、力勸老闆反叛

就在劉邦與項羽打得筋疲力盡時，韓信則顯得極為重要。這是因為如果韓信支持劉邦，劉邦必勝；如果韓信支持項羽，項羽必勝。

未來這天下姓劉還是姓項，全由大王決定！

為了分化劉邦與韓信，項羽便派謀士武涉去遊說韓信。

武涉一見到韓信，便勸他與劉邦決裂，與項羽聯合，三分天下。

你之所以能活到今天，是因為項羽還活著。一旦項羽被滅掉，下一個被消滅的就是你！你為何不聯合項羽，並與劉邦、項羽三分天下呢？

當初，我幫項羽打工時，他看不上我，所以我才會投奔劉邦。劉邦脫下衣服給我穿，拿最好的食物給我吃，又對我言聽計從，所以我才有今天，我怎麼能背叛他呢！

儘管武涉說得口乾舌燥，但韓信就是不聽。

就你這種政治智商為零的人，遲早會被劉邦玩死！

蒯通與武涉雖然不是一夥的，但他卻非常贊同武涉的說辭。待武涉走後，蒯通決定換一種方式遊說韓信。

蒯通告訴韓信自己會看相，韓信便問他——

貴賤在於骨骼，喜憂在於面色，成敗在於決斷，根據這些來看，必定萬無一失！

先生用什麼辦法替人看相呢？

韓信請蒯通為他看相，蒯通摒退眾多隨從後，對韓信說——

看大王的面相，不過封侯，且還有危險。看大王的後背，卻貴不可言啊！

你這話是什麼意思？

俗話說，鷸蚌相爭，漁翁得利。如今，劉邦和項羽二人的命運就掌握在大王手中！

不如讓楚漢並存，然後與楚漢三分天下，鼎足而立。一旦三足鼎立，大家都不敢輕舉妄動！

建議韓信與劉邦、項羽三分天下的同時，蒯通還為韓信做好了人生規劃。他對韓信說：「大王用兵如神，又占據強大的齊國，如果迫使燕、趙兩國屈從，再制止楚漢紛爭，為士兵、百姓保全性命，天下人必定群起響應。到那時，大王的號令誰敢不從！然後，瓜分大國的土地，分封給各路諸侯，諸侯們必定感恩戴德，聽命於齊國。大王固守齊國，占據險要之地，用恩德感召諸侯，諸侯必定前仆後繼地來朝拜齊國。」

張耳、陳餘本是刎頸之交，最後還不是鬧得自相殘殺？文種、范蠡雖然幫助越王句踐稱霸諸侯，文種最終還不是落得被迫自殺，范蠡落得逃亡嗎？

就友情而言，大王與劉邦遠比不上張耳、陳餘；就忠誠而言，大王與劉邦又遠比不上文種、范蠡與句踐！

如今，大王功高震主，歸楚，楚人不信；歸漢，漢人恐懼。哪裡才是大王的歸宿呢？

大王攜震主之威，不賞之功，如果不單飛，遲早會引來殺身之禍！

即便蒯通說破天，韓信依然油鹽不進。蒯通早已猜到韓信的結局，便離開韓信，裝瘋賣傻做了一名巫師。

不聽勸，早晚要完蛋！

果不其然，等劉邦滅掉項羽奪得天下後，韓信很快就被呂后整死了。

小知識

話說，呂后憑什麼敢私自殺害一個戰功赫赫的諸侯王呢？她私下肯定得到劉邦的首肯。從後來劉邦幾乎把異姓諸侯王殺得一乾二淨可以看出，韓信必死無疑。再說了，劉邦借呂后之手殺害韓信，還不用背負誅殺功臣的罪名。

你不死，大漢王朝的江山不穩！

不是一家人，不進一家門啊！

劉邦聽說蒯通曾勸韓信背叛自己，於是下令全國通緝蒯通。很快，蒯通就被五花大綁地押送到劉邦面前。

是你小子慫恿韓信背叛我的？

沒錯！這小子不用我的計策才會落得今天這個下場，倘若他當初採納我的計策，你怎麼可能這麼輕易地滅掉他呢？

聽完蒯通的話，劉邦氣得火冒三丈，當場下令要把蒯通拉出去宰了。但讓劉邦沒想到的是，蒯通竟然大呼冤枉。

當時，韓信是我老闆，我眼裡只有韓信，沒有你，我有什麼錯？再說了，當初想和你一樣爭奪天下的人太多了，你殺得完嗎？

你慫恿韓信背叛我，怎麼還有臉喊冤？

蒯通的一番話說得沒什麼問題，劉邦無言以對，只好把他放了。

算了，饒你一命！

這就對了嘛！

後來，蒯通被齊國國相重金請去為他打工，小日子過得也是非常愜意。

只要有才，到哪兒都有舞臺！

6

禰衡

我不是針對誰，只是說在座的各位都是垃圾

三國時期，有個毒舌男，一張嘴立刻能把人噎死，而他本人也恰好死在那張嘴上。

那麼，這個無論走到哪裡都能為自己拉仇恨的人是誰呢？就是「三國第一毒舌」禰衡。

不能好好說話是我的天性！

今天，我們就來看看禰衡是如何用他的毒舌挖苦別人的。

沒有被我的毒舌傷害過的人生不完美！

一、挖苦曹操

　　為了挾天子以令諸侯，曹操曾騙東漢的大老闆漢獻帝將都城從洛陽遷到他的大本營 —— 許縣（今河南許昌）。

　　當時，禰衡就在許縣，有人問他 ——

你為何不去結交陳群、司馬朗兩位大咖呢？

我怎麼能與屠夫、賣酒之徒結交呢！

小知識

　　事實上，陳群不是屠夫，他出身於名門望族，是當時一流的名士；司馬朗也不是賣酒之徒，而是出身於世家大族，他有個非常厲害的弟弟叫司馬懿。

那些大咖不配和禰衡結交，那麼誰才配呢？禰衡認為只有兩個人：一個是孔子的後代孔融，另一個是大才子楊修。

禰衡經常說：「我只看好大兒孔融和小兒楊修，其他人都是庸才，不值一提！」

孔融和禰衡的關係非常好，且多次在曹操面前誇獎禰衡。

曹操一向愛才，便想見見禰衡。沒想到禰衡卻瞧不起曹操，不願去，還將曹操挖苦一番。

你長得真有創意，活得真有勇氣！

老子長得再醜也是限量版！

曹操從此恨死禰衡，顧念他在文壇小有名氣，所以才沒殺他。

槍斃你都嫌浪費子彈，用磚拍死你都怕髒了磚！

曹操聽說禰衡擅長擊鼓，便想羞辱他。先任命禰衡擔任鼓吏，然後趁著大宴賓客的時機，讓鼓吏們挨個演奏鼓曲。

當禰衡走到曹操面前時，因為沒有更換鼓吏所穿的制服，被曹操的手下人喝斥一頓。

誰知道禰衡卻當著曹操的面，將自己脫得一絲不掛，然後慢吞吞地換上制服，臉上竟然沒有一絲羞愧。

事後，曹操尷尬地說——

我本來打算羞辱禰衡，沒想到反被他羞辱！

孔融認為禰衡這件事做得過分了，便將他數落一番，還將曹操對他的誠意說了一遍，禰衡這才答應親自去向曹操道歉。

你和曹操說，我會親自登門道歉！

馬上替你安排！

曹操聽說禰衡打算來道歉，樂壞了，還特意吩咐保安，如果禰衡來了，就趕快通知他。

這個禰衡也不是無藥可救嘛！

然而，讓曹操沒有想到的是，禰衡卻耍大牌，讓他等到很晚。更讓他沒有想到的是，禰衡來後，不但沒有向他道歉，反而將他臭罵一頓。

你這是在找死，知道嗎？

有種你殺了我，沒種就閉嘴！

這下可把曹操氣壞了，十分生氣地對孔融說 ——

禰衡這小子，我殺他如同殺死鳥雀、老鼠一般！但這傢伙小有虛名，殺了他，別人還以為我不能容他呢！

生氣是拿別人的錯誤來懲罰自己！大哥，消消氣！

曹操想了想，決定把禰衡送給荊州的大老闆劉表。

送給你一個奇葩，相信你能搞定他！

那我就笑納了！

去荊州前，大家為禰衡設宴送行，沒想到他仍然姍姍來遲。所有人都很不高興，於是決定羞辱他。

這傢伙太沒禮貌了，得給他點顏色看看！

對，得教教他怎麼做人！

　　等禰衡到達後，有的人坐著，有的人則躺著，反正就是不去迎接他。禰衡見狀，突然蹲在地上號啕大哭起來，一下子把大家哭矇了。

　　眾人問禰衡為何哭泣，他回答說——

坐著的是墳墓，躺著的是屍體，我來到墳墓和屍體之間，能不哭嗎？

看來我們這是自取其辱啊！

二、羞辱劉表

到達荆州後，劉表與荆州的士大夫都十分欣賞禰衡的才華，且對他十分敬重，舉凡有任何事，都要聽聽他的意見。

有一次，劉表與手下人一起草擬奏章，大家用盡洪荒之力才搞定。禰衡看後，當場撕得粉碎。

隨後，禰衡拿起筆，在劉表等人一臉的驚訝中寫完一篇全新的奏章。劉表等人看罷，各個對禰衡頂禮膜拜。

如果你在一家公司，老闆給你高薪、高福利，且對你十分器重，你會不會很尊重老闆？

儘管劉表對禰衡就是如此，但做為員工的禰衡不僅不尊重劉表，反而還動不動羞辱他。

劉表被氣得像曹操一樣，想宰了禰衡，但也不想背負罵名。思來想去，劉表決定借刀殺人。

劉表明知道江夏太守黃祖性情暴躁，一言不合就殺人，便故意將禰衡送給黃祖。

三、大罵黃祖

　　到了江夏，禰衡做了黃祖的文員，他寫的文書句句都寫到黃祖的心坎裡。黃祖曾拉著他的手說 ——

先生所寫的文章正是我心中想說的話啊！

我就是你肚子裡的蛔蟲！

有一次，黃祖在船上大會賓客，禰衡將黃祖挖苦一番，搞得黃祖下不了臺。黃祖很生氣，喝斥禰衡幾句。哪知禰衡卻怒目而視，且大罵道——

黃祖的暴脾氣一上來，當即下令讓人將禰衡拖出去砍了。

當時，黃祖的手下也十分討厭禰衡，彷彿擔心黃祖會後悔似的，立刻把禰衡殺了。

事後，黃祖果然有些後悔，但人死不能復生，只好將禰衡厚葬。

　　禰衡死時，年僅二十六歲。

7

賈詡

燃燒吧，最強大腦

三國時期，謀士如雲，且各個智商爆表，但比賈詡智商還高的，恐怕打著手電筒都很難找到第二個。

不過，賈詡不是那種一出道即爆紅的人。他剛出道時，沒什麼名氣，可憐得只有一個粉絲。

這名粉絲非常看好他，並認為他和西漢時期的謀士張良、陳平有一拚。

賈詡沒有讓這名粉絲失望，因為他很快便憑藉出色的智謀叱吒三國，且圈粉無數。

今天，我們就來看看賈詡使用過哪些出色的智謀。

請帶上你的大腦，和我進入一段燒腦的旅程！

一、設計自救

賈詡剛出道時，還是東漢王朝的天下，朝廷只讓他做個芝麻官。不久，他因為生病辭職不幹了，回家的途中，卻不幸被反叛的氐人抓住。

落到我們手裡，只有死路一條！

借你們十個膽，你們也不敢動我一根汗毛！

當時，與賈詡一同被抓的還有幾十個倒楣蛋。

氐人卻幹了一件讓人出乎意料的事：他們把其他人全殺了，卻唯獨放過賈詡。

這是為什麼呢？因為賈詡說了一句話給氐人。

小知識

段熲是何方神聖呢？氐人為何如此怕他？他是東漢名將，曾在邊疆做過很多年的大將軍，且威震四方。少數民族的人都怕他，當然也包括氐人。事實上，賈詡不是段熲的外孫，他只是為了拿段熲嚇唬氐人而已。氐人一聽是段熲的外孫，連懷疑都沒有懷疑，直接把賈詡放了，他就這樣撿回一條命。

東漢末年，宦官專權非常嚴重，「官二代」袁紹與大將軍何進悄悄召大壞蛋董卓帶兵進京幫他們殺宦官。但讓他們沒有想到的是，董卓一進京卻控制了朝廷。

　　當時，賈詡正在替董卓的女婿牛輔打工。

後來，董卓、牛輔雙雙被殺，當他們的手下李傕、郭汜打算解散部隊各自逃亡時，卻被賈詡攔下了。

聽說朝廷打算殺光你們這些人，一旦你們解散部隊，一個小小的亭長就能搞定你們！

先生可有妙計？

不如招兵買馬，攻打都城長安，為董公報仇。如果僥倖成功，你們還能以朝廷的名義征伐天下；如果不成功，再逃也不遲嘛！

這個主意妙！

李傕、郭汜依計行事，果然一舉拿下長安，且控制了朝廷，還劫持漢獻帝，兩人從此走上人生巔峰。

沒有先生，就沒有今天的我們！感恩有你！

舉手之勞，何足掛齒！

李傕、郭汜為報答賈詡，想封他為侯，他推辭不幹；想讓他做尚書僕射，他依然推辭。沒辦法，他們只好讓他做了尚書，負責替朝廷選拔官員。

李催、郭汜雖然囂張跋扈，但對賈詡既親近又畏懼。

　　賈詡憑藉自己的影響力，沒少做好事，例如保護大臣，勸李催、郭汜釋放漢獻帝。

　　等到漢獻帝逃出李催、郭汜的魔掌後，賈詡便辭職不幹了。

是非之地，不能久留，果斷走人！

　　離開長安後，賈詡又去投奔將軍段煨。

將軍，求收留！

這麼優秀的小弟，我要了！

當時，賈詡已經紅遍大江南北，段煨手下的很多士兵都是他的粉絲。

段煨漸漸開始擔心賈詡會和自己搶兵權，表面上對他很器重，內心卻十分不安。

賈詡知道再在段熲手下幹下去，遲早小命不保，所以跳槽到另一個將軍張繡的公司。

離開前，有人曾問賈詡——

段將軍生性多疑，對我有所猜忌，我不跳槽，遲早會被他整死！相反，如果我跳槽，他肯定很高興，因為他還希望我能在外為他結交援兵。所以，我走後他一定會善待我的妻兒！張繡沒有優秀的謀士，特別想得到我，那麼我和家人就都能得到保全！

段將軍對你不錯，你為何要跳槽呢？

正如賈詡所言，他跳槽後，不但自己被張繡重用，而且家人還被段煨照顧得無微不至。

二、用敗軍 KO 勝軍

有一次，曹操攻打張繡期間突然撤軍而回。

張繡準備追擊，賈詡不讓，還說追擊必敗。張繡不聽，結果被曹操打得落花流水。

待張繡垂頭喪氣地逃回來後，賈詡反倒鼓動張繡去追擊曹操，還說追擊必勝。

儘管張繡半信半疑，但依然按照賈詡的話去做。讓他沒有想到的是，此戰果然大勝。凱旋後，張繡很疑惑地問賈詡——

我用精兵追擊後撤的軍隊，你卻說必敗無疑！戰敗後，你讓我用敗軍追擊剛戰勝的軍隊，還說一定能取勝。然而結果正如你所料，為何這些違背常理的事情全都應驗了呢？

你雖然擅於用兵，卻不是曹操的對手。曹操剛撤軍時，必定親自斷後，所以你必敗無疑！曹操的戰術沒有錯誤，但仍堅持撤退，說明他後方發生變故。他打敗將軍後，必定輕裝疾行，讓其他將領斷後，但這些將領都不是將軍的對手，所以將軍能用敗軍打敗他們！

小知識

　　正如賈詡所料，當時曹操聽說早已成為「諸侯一哥」的袁紹趁他在外地打仗的時候，準備偷襲他的大本營——許都，所以才無心繼續收拾張繡，選擇快馬加鞭趕回大本營。

賈詡的解釋讓張繡佩服得五體投地，從此，張繡對賈詡是
敬若神明。

先生料事如神，
未卜先知，堪稱
天下一絕！

都是一些謀
士必備的技
能而已！

料事如神

三、主張投靠死敵曹操

　　後來，袁紹見曹操有超越自己「諸侯一哥」地位的苗頭，於是率領十倍於曹操的士兵準備在官渡打敗他。

　　袁紹知道張繡和曹操是死對頭，便派人去拉攏張繡，組團吊打曹操。

張繡本來想和袁紹結盟，沒想到賈詡卻將袁紹派來的使者臭罵一頓。

回去告訴袁紹，連他自己的親兄弟都容不下，還容得下天下英雄嗎？

你和你老闆惹上麻煩了！

賈詡的一席話徹底得罪了袁紹，可把張繡給嚇壞了。

得罪了袁紹，今後我們還能投靠誰呢？

曹操！

張繡和曹操可不僅是戰場上的死對頭，而且還有殺子之仇。

張繡和曹操有不共戴天之仇，再加上曹操遠沒有袁紹強大，所以張繡說什麼都不願意投靠曹操。

不過，賈詡給出的三個理由讓他改變主意。

一、曹操挾持天子，可以號令天下！

二、袁紹兵強馬壯，我們人少，袁紹一定不會重用我們！相反，曹操人少，如果我們投靠他，他一定會重用我們！

三、那些想成為霸主的人，一定會摒棄私怨，向天下人彰顯他高尚的德行！曹操就是這種人！

我被你說服了！

曹操聽說萬年仇敵張繡打算投靠他是什麼反應呢？當時他樂壞了，且不計前嫌封張繡為揚武將軍，還讓自己的兒子娶了張繡的女兒。

就在張繡投靠曹操的那天，曹操拉著賈詡的手，且對他十分感激地說——

不久，袁紹集中所有火力攻打曹操，曹操眼看就要頂不住了，便向賈詡問計，他回答：「你在智謀、勇氣、用人、判斷時機四個方面都遠勝袁紹，只要等待時機，用不了多久就能打敗他！」

　　果然，沒過多久，曹操就打敗了比他強大數倍的袁紹。

曹操搶占袁紹的地盤後，便想率領數十萬大軍一舉滅掉割據江東的孫權，但賈詡卻不贊同，且為曹操獻上一個不用一兵一卒就能降服孫權的妙計。

你打敗袁紹，又收復了漢南地區，可謂是名震天下。如果你能犒賞將士，安撫百姓，讓他們安居樂業，即便不用遠征，孫權也會臣服！

鬼才信呢！

曹操不聽賈詡的建議，結果在赤壁之戰中被孫權和劉備的聯軍殺得大敗而歸。

這下長教訓了吧？

這個教訓有點狠！

四、智諫曹操

　　曹操晚年，兩個兒子曹丕與曹植都想做繼承人，因此兩兄弟經常明爭暗鬥。

　　兩個兒子各有千秋，所以曹操十分頭疼，不知道該讓誰接班好。於是，曹操向賈詡詢問意見，但他卻沒吭聲。曹操問他為何不回答，他說——

我剛才在思考事情呢！

你在思考什麼？

我在想袁紹父子和劉表父子！

你不用回答，我知道該怎麼做了！

聽罷賈詡的話，曹操當即決定讓最年長的曹丕做了繼承人。

小知識

曹操為何聽到賈詡提到袁紹父子和劉表父子就決定讓曹丕做繼承人呢？這是因為袁紹和劉表一樣，都想讓年齡相對較小的兒子做繼承人，結果搞得兒子們骨肉相殘，最終還讓曹操有了可乘之機，搶占他們的地盤。為了不步上袁紹和劉表的後塵，曹操才決定按照歷朝歷代都推崇的嫡長子繼承制，讓最年長的曹丕做了繼承人。

困擾了我這麼多年的難題，竟然被你一句話給解決了！在下佩服！

能讓你曹操佩服的人還真不多，我很榮幸！

很多謀士只懂得謀事，不懂得明哲保身，所以死得都很慘。做為謀士界的精英，賈詡卻十分擅長自保。

小知識

賈詡究竟是如何自保的呢？他知道自己不是曹操的舊臣，鬼點子又多，為了不讓曹操猜忌，所以將自己變成一個資深宅男。此外，他從不與外人結交，也不讓自己的兒女和高門大戶的兒女結婚。這麼做，不但讓他免於遭到猜忌，還讓他在國內圈粉無數。

出來混，保命最要緊！

曹操死後，曹丕順利接班。不久，曹丕逼迫漢獻帝退位，自己做了皇帝，並建立魏國。

　　隨後，劉備與孫權都相繼建立蜀國和吳國。

　　這時，真正的三國時代才正式開啟。

曹丕想滅掉蜀國和吳國一統天下，但不知道先滅哪個好，便去請教賈詡。

雖然蜀國和吳國都是蕞爾小國，但我們魏國沒有人是劉備和孫權的對手！你爹都沒本事滅掉他們，更何況是你呢！如果你能用德行教化天下人，然後靜觀時變，再用武力滅掉他們就不難了！

我等不及了！我要現在 —— 立刻 —— 馬上滅掉他們！

曹丕不聽，結果導致魏軍傷亡慘重。從那以後，曹丕便對賈詡言聽計從。

不聽你的，果然吃了大虧！

人總是在吃過虧之後才會成長！加油！

世人都說過慧易夭，但賈詡還挺長壽，直到七十七歲時才去世。

做為「謀士一哥」，沒有什麼魔咒是我打不破的！

8

司馬懿——是戲精本尊沒錯了

歷史上曾出現過無數戲精，各個演技炸裂，但演技能超越三國時期的老狐狸司馬懿的卻鳳毛麟角。

是戲精本尊沒錯了！

　　司馬懿是個不折不扣的老戲骨，一生演戲無數。那麼，他有哪些精彩的表演呢？

燈光、音響已經就位，請開始你的表演！

一、拒絕為曹操打工

　　曹操挾天子以令諸侯期間，曹操聽說司馬懿很有才，便想招攬他。

　　司馬懿見東漢王朝被曹操玩弄於股掌之中，不想委屈自己替曹操打工，便整天裝病。

曹操，堪稱人精中的人精，豈會輕易相信司馬懿？於是，他派人深夜溜進司馬家一探究竟。

　　司馬懿見有人大半夜溜進他家，早已猜到來者的目的，便裝成病重的樣子，躺在床上一動不動。

如果是其他人，司馬懿精湛的演技肯定能蒙混過關，但可惜他碰到的是奸雄曹操！曹操對司馬懿發狠話說——

曹操向來說一不二，這下司馬懿沒招了，立刻跑去上班。

二、智鬥諸葛亮

　　魏、蜀、吳三國鼎立期間，蜀國丞相諸葛亮曾多次帶兵攻打魏國。有一次，他將魏國兩員大將圍困在祁山。

　　當時，魏國的大老闆是曹操的孫子魏明帝。魏明帝聽說諸葛亮來踢館，嚇壞了，連忙派司馬懿前去抵禦。

眾所周知，打仗離不開軍糧，因為士兵吃飽了才有力氣打仗。

　　為了和**魏**軍打持久戰，諸葛亮親自帶人開著收割機把**魏**國人種的小麥給收了。

蜀軍糧草充足，魏軍都很害怕，只有司馬懿不屑地說：
「諸葛亮一生多謀少斷，一定會固守大營，沒什麼可怕的！」

三個臭皮匠，
勝過一個諸葛亮！

隨後，司馬懿日夜兼程進軍。諸葛亮得到消息後，望風而逃。

你不是能掐
會算嗎？你
也有今天？

別高興得
太早！

不久，魏、蜀兩軍相遇，司馬懿假裝撤退，誘敵深入。諸葛亮趁機將魏軍團團包圍，切斷魏軍的水源。

正當諸葛亮得意時，司馬懿卻突然衝破他的包圍。諸葛亮見打不過，嚇得連夜逃竄。

諸葛亮是個比較執著的人，沒過幾年又帶兵殺了回來。

這次，諸葛亮想速戰速決，所以多次向
司馬懿挑戰，但司馬懿就是不接招。

為了激怒司馬懿，諸葛亮送了一身女人的衣服給他，嘲笑他不是男人。

魏軍見將軍遭諷刺氣壞了，想殺出城與蜀軍決一死戰。

此刻，司馬懿是何反應呢？他立刻戲精上身，大秀演技。他假裝很生氣，然後派人千里回京向魏明帝求情與諸葛亮拚命。

魏明帝知道司馬懿的意思，便配合他將這場戲演到底，所以特意派一名使者奔赴前線阻止司馬懿與諸葛亮決戰。

每當諸葛亮前來挑戰，司馬懿就假裝要率軍迎擊。這時，做為友情客串的使者便立刻站出來以皇帝的名義阻止司馬懿。

司馬懿憑藉精湛的演技不但騙過魏軍，還騙過了蜀軍。當蜀軍都以為司馬懿不應戰是因為魏明帝不允許時，諸葛亮卻解釋說——

司馬懿本來就沒有出戰的意思！常言道，將在外，君命有所不受。如果他真能打敗我，又何須千里請戰？他之所以堅決請戰，不過是想向魏軍顯示他的勇猛罷了！

這個司馬懿太狡猾了！

就這樣，司馬懿與諸葛亮僵持了一百多天，其結果是他不費一兵一卒把諸葛亮熬死了。

臨死前，諸葛亮擔心司馬懿得到他去世的消息後，會主動進攻蜀軍，便下了個圈套給司馬懿。

諸葛亮一去世，消息立刻在百姓中傳開。

　　司馬懿聽到消息，果然率軍追擊蜀軍。然而，當他追上蜀軍時，卻發現蜀軍立刻反轉軍旗，鳴鼓進軍，打算與魏軍一戰。

　　司馬懿懷疑諸葛亮詐死，故意引他出城決戰，撒腿就跑。

我才不上諸葛亮的當呢！

過了幾天，待蜀軍全部撤離後，司馬懿察看蜀軍大營時，發現很多軍事文書和糧草，這才斷定諸葛亮確實已經去世。

你怎麼能透過軍事文書和糧草這些東西斷定諸葛亮已經去世？

兵家所重視的就是軍事文書和糧草，現在全被蜀軍拋棄，難道世上有拋棄自己五臟還能存活的人嗎？

讓司馬懿沒有想到的是，諸葛亮臨死前竟然還給他設了一計。他不禁感嘆道——

為此，老百姓還編了個諺語嘲笑司馬懿：死諸葛嚇跑活仲達（司馬懿字「仲達」）。

司馬懿聽到諺語後，尷尬地笑了笑，並自嘲說——

三、吊打曹爽

魏明帝去世後，養子曹芳繼承大統。臨死前，魏明帝為曹芳找了兩個助理：一個是司馬懿，另一個是大將軍曹爽。

先帝將我託付給你們，希望你們能輔佐我開創新時代！

必須的！

曹爽是個一有權就容易膨脹的人，能膨脹到什麼地步呢？吃的和皇帝一樣，開的跑車、穿的衣服幾乎與皇帝同款，甚至把司馬懿架空。

司馬懿知道此時不是和曹爽硬碰硬的時候，便裝病，不再上班打卡。

曹爽以為司馬懿得了重病，便生起篡位之心。

不過，曹爽仍擔心司馬懿是裝病，便派一個叫李勝的人去他家以探望的名義試探他。

一見到李勝，司馬懿便來了一段即興表演。

不知道天高地厚的李勝決定和司馬懿拚一拚演技，本來要去荊州上任，但他卻故意說成本州（即家鄉所在的州）。

李勝這種只適合跑龍套的演技，豈能鬥得過堪比影帝的司馬懿？所以，李勝沒有試探出司馬懿，反而還被他騙了。

李勝回去後，拍著胸脯對曹爽說——

從此以後，曹爽不再提防司馬懿。

有一天，曹爽帶著皇帝去城外的高平陵為魏明帝掃墓，司馬懿趁機帶人控制京城。

其間由於疏忽，讓曹爽的謀士桓範逃出了京城。大家擔心桓範會替曹爽出鬼點子，但司馬懿卻說——

曹爽智商堪憂，一定不會採納桓範的計策！

但願如此！

隨後，司馬懿向曹爽承諾，只要他肯放棄兵權，准許他回家做個有錢人；如果他膽敢扣留皇帝，按軍法處置。

想死想活，自己選！

死

活

當然想活！

桓範勸曹爽挾持天子到許昌，然後徵集天下兵馬與司馬懿對抗。

如果曹爽採納，司馬懿還真未必能對付得了他，但他卻沒有採納。

你是第一次做人吧？看得出來，沒什麼經驗！

你就等著做鬼吧！

曹爽自以為司馬懿只想奪他的兵權，不想要他的命，所以立刻束手就擒。

你太單純了！

讓曹爽沒有想到的是，不久司馬懿便派人舉報他謀反，然後將他殺了。至於桓範，同樣沒有逃過被殺的命運。

殺掉曹爽後，魏國的大權基本上都掌握在司馬懿手中，這為後來他的子孫篡奪魏國江山建立晉朝打下了堅實基礎。

9

袁天綱

人在江湖走，從未失過手

隋、唐時期，有一個擅長看相的大神。據說，他逢看必靈。這個大神就是號稱「天下第一相師」的袁天綱。

袁天綱的拿手絕活是以面相和骨骼為人推斷前程、預測壽命。

我觀閣下印堂發黑，必有血光之災！不過，你不用怕，只需要隨身佩戴我的護身符即可化解！這張護身符不要九百九，也不要九十九，只要九塊九！

給我來十張！

一、推斷前程

　　有一年，袁天綱的三個小迷弟杜淹、王珪、韋挺聽說他在洛陽遊玩，便匆匆前去拜訪，並請袁天綱為他們看相。

偶像，我們是慕名而來的！

來就來吧，幹嘛還帶禮物啊！不知道偶像不能收粉絲的禮物嗎？

　　袁天綱將杜淹仔仔細細打量一番，發現他鼻子左側飽滿，耳門前處寬闊，便推斷說──

你將來一定會成為御史，且靠文采受到賞識！

袁天綱見王珪三庭勻稱，上庭與下庭相鄰，便推斷說——

十年後，你定能擔任五品官！

袁天綱又看了看韋挺，見他面相如虎，便推斷說——

你對朋友真誠以待，一定會得到朋友的提攜。一開始，你會先從武官做起！

為三人看過相後，袁天綱又對三人說——

二十年後，你們三人恐怕會同時被罷官，不過不用擔心，你們很快又會被起用！

還好有驚無險啊！

多年後，正如袁天綱推斷的那樣，在杜淹、王珪、韋挺的身上都一一應驗。

你就是活神仙！

一不小心被你們看出來了！

三人聽說袁天綱身在益州，於是又不遠千里跑到益州，讓袁天綱幫他們再看看。

過了幾年，三人被徵召入京。進京前，三人又跑去拜訪袁天綱。

正如袁天綱所推斷的那樣，杜淹一進京立刻被封為三品大員。王珪、韋挺後來也都做了三品大員，而韋挺則因為徵收糧食不利被貶官。

有個叫竇軌的小迷弟曾跑去找袁天綱替他看相。

袁天綱見他額上的伏犀骨直通腦後的玉枕骨，且下巴上翹，便推斷說——

沒過多久，竇軌果然在益州做了大官。

為了報答袁天綱，竇軌將他請到益州，每天好酒好菜地伺候著。

遇到知己不喝酒，枉在世上走！

乾杯，朋友！

其間，袁天綱為竇軌預測一下他的前程。

你眼中赤脈突起，橫穿瞳孔，說話時赤氣浮現在面部，如果你做了將軍，恐怕要殺很多人，希望你時刻警惕！

喲，以後的事以後再說！

幾年後，竇軌果然因為濫殺無辜而被撤職召回京城。

臨行前，竇軌憂心忡忡地找到袁天綱，並向他詢問此行是吉是凶。

今後我還能不能在官場混？

你下巴右半邊有光澤，且有喜色，到達京城後一定會受到皇帝的恩寵，不久還會回來繼續做官！

回到京城後，皇帝沒有責罰竇軌，還讓他返回益州做都督。

大神，又被你說中了！

事實上，真正讓袁天綱名聲大噪的是，他在武則天年幼時便斷言她遲早有一天會做皇帝。

事情是這樣的：武則天還在襁褓時，袁天綱曾去她家串門子。袁天綱一見到她媽媽楊氏，便說 ──

楊氏立刻把武則天的兩個同父異母的哥哥武元慶、武元爽和同父同母的姊姊武順叫來，讓袁天綱逐個看看。

　　袁天綱看了看武元慶、武元爽，說──

這兩個孩子都是保家的人，最高能做三品大員！

袁天綱又看了看武順，說──

這個女兒將大富大貴，但會中年守寡！

小知識

武順的丈夫確實早亡，擅長撩漢的她雖然做了寡婦，卻從沒閒過，後來還勾搭上武則天的老公。

當時，奶媽正抱著武則天，且對袁天綱謊稱武則天是個男孩。

小知識

以袁天綱嫻熟的業務能力，如果是一般人，肯定一眼就能推測出他的未來，但袁天綱觀察武則天半天，硬是什麼都沒看出來。

袁天綱讓奶媽把武則天放下來走幾步，當武則天走過後，袁天綱差點驚掉下巴。

這個男孩龍睛鳳頸，貴不可言！可惜是個男孩，如果是個女孩，將來必定能當皇帝！

噓！天機不可洩露！

二、預測壽命

　　有一年，唐太宗聽說袁天綱看相極準，便將他召進九成宮，並問他說——

隨後，唐太宗讓袁天綱為中書舍人岑文本看相。袁天綱看了他說——

他耳門前處寬闊，眉毛蓋過眼睛，文采震動海內，但頭頂生骨，還沒有形成。如果做了三品官，恐怕會折壽！

我不信！

小知識

多年後，唐太宗把袁天綱的預言當成耳邊風，讓岑文本做了正三品的中書令。結果，到了第二年，岑文本跟隨唐太宗攻打遼東期間，突然暴病而死。

這一年，侍御史馬周、張行成興沖沖地找到袁天綱，懇請他為他們看相。

袁天綱對馬周說——

你額上的伏犀骨直通腦門，背上像背著東西，未來必定大富大貴！然而，你面色發紅，命門顏色暗淡，耳後骨沒有隆起，恐怕難以長壽！

不能長壽，我要大富大貴何用！

袁天綱轉過身對張行成說——

你五官面相已成，下庭豐滿，雖然做官晚，但終將會成為宰相！

看來我要大器晚成了！

　　袁天綱能為別人預測壽命，那麼能不能預測自己的壽命呢？能！

沒聽說過看相的也能為自己看相吧？今天就讓你見識一下！

有一天，申國公讓袁天綱預測一下他自己將來能做什麼官。袁天綱卻回答說：「我今年四月將油盡燈枯，什麼都做不了！」

　　果然，到了四月，袁天綱就去世了。

10

姚廣孝

大明第一妖僧，捨我其誰？

明朝有一個非常奇葩的和尚，本是佛家弟子，卻拜道士為師。他本該潛心修行佛法，卻整天鑽研權謀、兵法。這個和尚是誰呢？就是「大明第一妖僧」姚廣孝。

看著我，猜一個歇後語！

和尚打傘——無法無天！

姚廣孝出身於醫藥世家，本來應該繼承祖上衣缽，做個白衣天使，但不知為何卻在十四歲時出家當和尚，法號道衍。

小小年紀便看破紅塵，也太早熟了吧？

早就熟透了！

做和尚就做和尚吧，道衍卻偏偏拜了一個叫席應真的道士為師，還向他學習陰陽術數。

真是和尚娶老婆——離經叛道！

有一年，道衍到嵩山寺打卡，碰到一位擅長看相的算命先生。算命先生見他長得凶煞，十分吃驚地說——

這是何等怪僧啊，長著三角眼，體型如病虎，必定嗜殺成性！

道衍聽完算命先生的話，是何反應呢？不但沒罵娘，反而還挺高興。

有一年，明太祖朱元璋的老婆馬皇后去世，打算挑選一些高僧，讓他們侍奉皇子並替皇子誦經祈福。

其間，經人介紹，道衍結識朱元璋的四兒子燕王朱棣。

初次見面，道衍便說要送朱棣一頂白帽子。

小知識

道衍為何要送朱棣一頂白帽子呢？你想啊，朱棣是王，「王」上加「白」，不就是皇帝的「皇」嘛！道衍的意思就是，他能幫朱棣奪取皇位。

你這個禮太貴重了！

貴禮送貴人嘛！

當時，朱棣與道衍聊得十分投緣。當朱棣返回自己的封地北平（今北京）時，他把道衍也帶回北平，且讓他做了慶壽寺的住持。

北平有帝王氣，恐怕今後一直會是首都！

道衍雖然住在寺廟，卻三天兩頭往燕王府裡跑，且與朱棣躲在密室裡聊一些見不得人的話題。

我們聊的都是一些明星八卦！

鬼才信！

朱元璋去世後，由於太子英年早逝，皇太孫建文帝繼承皇位。

朱元璋生前曾在全國各地分封很多藩王，建文帝擔心管不住這些藩王，便下令削藩。

當建文帝成功削除五位藩王且馬上就要對「藩王一哥」朱棣動手時，道衍開始鼓動朱棣起兵造反。

俗話說，得民心者得天下。當時，老百姓都是建文帝的忠實粉絲，所以朱棣對造反是否能成功心裡沒底，便問道衍——

為了幫朱棣打一針強心針，道衍找來兩位算命先生，和他們組團糊弄他，朱棣這才下定決心造反。

想造反，得有人、有武器。於是，朱棣暗中招兵買馬，且豢養很多奇人異士。

有人有槍，造反不慌！

北平以前是元朝的都城，元朝滅亡後，元朝皇帝的皇宮就成為朱棣的燕王府，所以特別大，而道衍每天就躲在裡面的花園訓練士兵。

我要在燕王府裡訓練出一支戰無不勝的特種部隊！

打造兵器特別容易發出聲響，為了掩人耳目，道衍不但挖了很多供鐵匠打造兵器的地穴，還在地面上養了很多愛叫的鵝和鴨。

儘管道衍的掩飾手段騙過了外人，但讓他沒有想到的是，朱棣竟被自己的保鏢告發了。

謀反之事暴露，朱棣只好立刻起兵造反。不料突然狂風大作，下起傾盆大雨，屋頂上的瓦片都被大風掀翻在地。

　　古人都比較迷信，朱棣也不例外。朱棣認為這是凶兆，而道衍卻解釋說——

自古以來，飛龍在天，必有風雨相伴。王府的青瓦墜地意味著將要換上皇帝的黃瓦了！

媽呀，原來是吉兆啊！

道衍給朱棣吃了一顆定心丸，朱棣瞬間變得信心滿滿。隨後，朱棣親自上陣攻城掠地，而道衍則留在北平輔佐燕王世子。

就在朱棣在前方打仗時，朝廷的軍隊突然殺到北平，想趁機抄了朱棣的老巢。

可惜朝廷的軍隊不是道衍的對手，輕鬆被他打跑了。

即便打不贏道衍，但朝廷的軍隊仍然太過強大，朱棣打了很長時間，始終未能有太大收穫。就在這時，道衍出了個絕招給朱棣。

朱棣採納了道衍的建議，一鼓作氣攻克京城，並奪取建文帝的皇位。

朱棣，史稱「明成祖」。由於他的年號是「永樂」，又被稱為「永樂皇帝」，他還是中國歷史上唯一一位造反成功的藩王。

朱棣能夠稱帝，毫無疑問，道衍的功勞最大。

為了感謝道衍，朱棣不但替他封官加爵，還允許他恢復「姚」姓，並賜名「廣孝」，「姚廣孝」這個名字就是這麼來的。

朱棣想讓姚廣孝蓄髮還俗，但他不肯。朱棣又賜給他一棟豪華別墅和兩個網美，但姚廣孝依然沒有接受。

　　此刻，儘管姚廣孝要風得風，要雨得雨，但他依然選擇住在簡陋的寺廟。每天上朝時，他就穿上官服；一退朝，他立刻換上袈裟。

姚廣孝不但不好色，也不貪財，把朱棣賞賜給他的財物統統送給親朋好友和家鄉的父老鄉親。

沒想到世上還有不愛錢的人，長見識了！

話說，姚廣孝不貪戀權勢，也不貪財好色，那他當初為何還要辛辛苦苦地幫助朱棣奪取皇位呢？

我只是想借他施展才華，實現自己的人生價值罷了！

姚廣孝在八十四歲那年去世了，朱棣聽到噩耗後悲痛不已，且為他輟朝兩日。

11

辜鴻銘

我無意與眾不同，奈何個性出眾

清朝末年，文壇有一個怪人，他雖然在西方國家圈粉無數，卻在自己的國家擁有無數黑粉。

　　這個怪人是誰呢？就是生在南洋、學在西洋、娶在東洋、仕在北洋的「清末怪傑」辜鴻銘。

我無意與眾不同，
奈何個性出眾！

辜鴻銘出生在南洋馬來半島西北的檳榔嶼，爸爸是福建人，媽媽是一位非常漂亮的西洋女郎。

做為混血兒，辜鴻銘天資聰穎，深得英國人布朗夫婦的喜愛，且被他們認作乾兒子。

在布朗先生的指導下，辜鴻銘閱讀莎士比亞、席勒、歌德等一大批世界級文豪的作品，為他今後爆紅文壇打下堅實的基礎。

未來你將成為文壇上一顆耀眼的明星！

十歲時，辜鴻銘被布朗夫婦帶到英國深造。
出發前，爸爸帶他去祠堂祭拜祖先，並告誡他說──

不論你走到哪裡，不論你身邊是英國人、德國人，還是法國人，都不要忘記你是一個中國人！

我是中國人，我驕傲！

辜鴻銘是個語言天才，他在英國一口氣學會英、德、法、日等九國語言。

　　知道辜鴻銘的英語有多厲害呢？兩次獲得諾貝爾文學獎提名的文壇大咖林語堂曾誇讚他說——

> 英文文字超越出眾，二百年來，未見其右。造詞、用字，皆屬上乘。

　　辜鴻銘還曾嘲笑過另一位文壇大咖胡適的英文發音是英國下等人的發音。

> 你的英語發音也太不標準了，還好意思用英文演講？

> 你會不會聊天？

有一次，辜鴻銘在電車上故意倒著看《泰晤士報》，幾個英國人還以為他不懂英文，差點笑掉大牙。

辜鴻銘卻突然用純正的倫敦腔朗讀一段文章，隨後不屑地對幾個英國人說：「你們英文才二十六個字母，太簡單，我要是不倒著看，一點意思都沒有！」幾個英國人瞬間驚呆了。

英文比中文好學多了，沒什麼難度呀！

回國後，辜鴻銘發揚了他上懟天、下懟地、中間懟空氣的個性，幾乎懟遍了各領域的大咖，甚至連死人都不放過。

辜鴻銘懟人無數，那麼他有沒有敬重的人呢？有，而且只有兩個！一個是北大校長蔡元培，另一個是他自己。

中國只有兩個好人：一個是蔡元培先生，一個是我。因為蔡先生點了翰林後不肯做官就去革命，到現在還是革命；我呢？自從和張文襄（張之洞）做了前清的官員後，到現在還是保皇派。

雖然辜鴻銘是一位不可多得的天才，但也是一位吐槽點滿滿的怪咖，而被大家吐槽最多的有三個方面：留辮子、嗜好小腳和為納妾制辯護。

小知識

　　就拿留辮子這件事來說吧，清朝的大老爺們各個都拖著長辮子，等到清朝滅亡後，這幫人紛紛剪掉長辮子，而辜鴻銘卻不願意剪。整天戴個瓜皮小帽，拖著長辮子在人群中晃來晃去，顯得格外讓人不忍直視。

那畫面太美
我不敢想！

魯迅先生的弟弟周作人曾說辜鴻銘——

生得一副深眼睛、高鼻子的洋人相貌，頭上一撮黃頭毛，卻編成一條小辮子，冬天穿棗紅寧綢的大袖方馬褂，上戴瓜皮小帽；不要說在民國十年前後的北京，就是在前清時代，馬路上遇見這樣一位小城市裡華裝教士似的人物，大家不免要張大眼睛看得出神吧！

瞧你那沒見過世面的樣子！

辜鴻銘還曾做過北大的老師，有一天，他拖著長辮子去為學生們上課，學生們看到他的辮子後都笑到噴飯了。不過，辜鴻銘一句話便說得學生們啞口無言。

我頭上的辮子是有形的，而你們心中的辮子卻是無形的！

好有哲理！

在北大教學期間，辜鴻銘是一個非常有個性的老師，北大學子羅家倫曾回憶說：「辜先生講課時要備著菸袋和茶水，講到一定程度就要『吧搭吧搭』抽起菸袋來，第一堂課就和學生們約法三章──」

第一，我進來時要全體起立，離開時要恭送我先離開；第二、凡我問話都得站起來回答；第三，我任何指定要背的書都要背，否則就不能坐下聽課。

雖然很多中國人不喜歡辜鴻銘，其嗜好小腳的陋習和推崇納妾制的思想是應給予批評，但不可否認，他是一名優秀的中國文化推廣大使，是他讓西方國家在文化強盛時期依然尊重中國文化。

　　辜鴻銘曾將《論語》、《中庸》和《大學》翻譯到西方國家，並在西方國家引起極大的轟動。

此外，辜鴻銘還曾向日本首相伊藤博文大講孔學，與世界級文壇大咖列夫‧托爾斯泰（Leo Tolstoy）討論世界文化和政壇局勢，就連印度聖雄甘地也為他點讚。

曾經有個看不起中國文化的西方傳教士，看到辜鴻銘向祖先磕頭時嘲笑他說——

你磕頭，你的祖先就能吃到供桌上的飯菜嗎？

你們在祖先的墓地前擺上鮮花，他們就能聞到花香嗎？

辜鴻銘用他的才華在西方國家掀起一股「辜鴻銘熱」，
二十世紀的西方國家曾流傳著一句話——

到中國可以不看
紫禁城，但不可
不看辜鴻銘。

辜鴻銘宣揚中國文化的同時，也沒少批評西方國家的文
化。這在很多留學生看來是一種排外的表現，他卻不認同。

有人問我為什麼這樣討厭
西方文明，我在這裡鄭重
聲明，我討厭的東西不是
現代西方文明，而是今日
的西方人濫用他們的現代
文明為欺壓利器這點！

對於辜鴻銘惓惓的愛國之心，文化巨匠吳宓深表理解。

辜氏久居外國，深痛中國國弱民貧，見侮於外人，又鑑於東鄰日本維新富強之壯跡，於是國家之觀念深，愛中國之心熾，而闡明國粹，表彰中國道德禮教之責任心，乃愈牢固不拔，行之終身，無縮無倦！

辜鴻銘在七十二歲那年去世，不論是在當時的中國文壇，還是世界文壇，無疑都因此少了一抹傳奇色彩。

HISTORY 系列 079

鬼才養成記：歷代奇人的神機妙算

作　　者 ── 韓明輝
主　　編 ── 邱憶伶
責任編輯 ── 陳映儒
行銷企畫 ── 林欣梅
封面設計 ── 兒日
內頁設計 ── 張靜怡

編輯總監 ── 蘇清霖
董 事 長 ── 趙政岷
出 版 者 ── 時報文化出版企業股份有限公司
　　　　　　108019 臺北市和平西路三段 240 號 3 樓
　　　　　　發行專線 ──(02) 2306-6842
　　　　　　讀者服務專線 ── 0800-231-705‧(02) 2304-7103
　　　　　　讀者服務傳真 ──(02) 2304-6858
　　　　　　郵撥 ── 19344724 時報文化出版公司
　　　　　　信箱 ── 10899 臺北華江橋郵局第 99 信箱
時報悅讀網 ── http://www.readingtimes.com.tw
電子郵件信箱 ── newstudy@readingtimes.com.tw
時報出版愛讀者粉絲團 ── https://www.facebook.com/readingtimes.2
法律顧問 ── 理律法律事務所　陳長文律師、李念祖律師
印　　刷 ── 勁達印刷有限公司
初版一刷 ── 2022 年 3 月 11 日
定　　價 ── 新臺幣 360 元
（缺頁或破損的書，請寄回更換）

鬼才養成記：歷代奇人的神機妙算／韓明輝著.
-- 初版 . -- 臺北市：時報文化出版企業股份有
限公司 , 2022.03
240 面；14.8×21 公分 . --（History 系列；79）
ISBN 978-626-335-079-3（平裝）

1. CST：傳記　2. CST：漫畫　3. CST：中國

782.1　　　　　　　　　　　111001964

授權著作物中文繁體版通過成都天鳶
文化傳播有限公司及天津華文天下圖
書有限公司代理，經韓明輝授予時報
文化出版企業股份有限公司出版獨家
發行，非經書面同意，不得以任何形
式，任意重製轉載。

ISBN 978-926-335-079-3
Printed in Taiwan